Donnevert & Seifert

Valerian DeWinter
Weltkinder, 2. erweiterte Auflage

Bibliografische Information der
Deutschen Nationalbibliothek
Die Deutsche Nationalbibliothek
verzeichnet diese Publikation in der
Deutschen Nationalbibliografie;
detaillierte bibliografische Daten
sind im Internet über
http://dnb.d-nb.de abrufbar.

© 2015 Valerian DeWinter
© 1991 – 2017 Olaf Wagner Verlag –
Der Verlag mit dem Tintenklecks

Satz und Layout
Donnevert & Seifert

Lektorat
Ilka Drögemeier

Fotos
Marco Stirn, Wiesbaden

Übersetzung der Widmung
Deutsch-Schwedischer Sprachendienst

Geleitwort
Friedrich Hofmann

VAL 8-004

Herstellung & Verlag BoD™
Books on Demand, Norderstedt
ISBN 9783741281785

Die erste Auflage erschien unter
ISBN 9783980224819

Kein Teil des Werkes darf in irgendeiner
Form (Druck, Fotokopie oder einem
anderen Verfahren) ohne schriftliche
Genehmigung des Copyright-Inhabers
reproduziert oder unter Verwendung
elektronischer Systeme verarbeitet oder
vervielfältigt werden.

Weltkinder

Valerian DeWinter

müssen träumen, um ihre Träume zu erhalten.

Mit einem Geleitwort
von Friedrich Hofmann

Inhalt

11	Autor	33	Sterne im Rahmen
12	Widmung	34	Fehler
13	Danksagung	35	Feuer
14	Zum Geleit	36	Gedanken der Nacht
16	Prolog zur ersten Auflage	37	Ein Traum
		38	Aufwachen
17	Prolog zur Neuauflage	39	Farbenspiele
		40	Löwenherz
20	Bahnsteige	41	Lichter
21	Pfeil und Bogen	42	Wissen
22	Das Buch der Macht	43	Verloren im Nebel
23	Blauer Pullover	44	Warten
24	Es war einmal...	45	Wer erklärt mir
25	Unter dem Efeu	46	Wiesbaden – Basel – und zurück
26	Ägypten		
27	Ich bin gleich da	47	Tief in uns
28	Es geht aufwärts	48	Früher
29	Fuerte	49	Splitter
30	Abschied	50	Tanz im Licht
31	Irgendwo in der Tiefe	51	Rettung
32	König	52	Silberne Kugeln

53	Drei der Schwerter	82	Venedig im Winter
54	Schmerz	83	Niemals für immer
55	Ohne Titel	84	Warten, daß du wieder kommst
56	Schwarzer Schnee		
57	So etwas wie	85	Momente
58	Plötzlich	86	Weltkinder
59	Harlekin	87	Worte
60	Namen	88	Zenit einer Illusion
61	Worte, die aus Liebe man spricht	89	Zufällige Blicke
		90	Unerreichbar
62	Zerbrochen	91	Du darfst keine Angst haben
63	Jeden Tag so viel Welt		
		92	Das Rad
64	Melodie	93	Ruhige Nacht
65	Liebe	94	Ahornbaum
66	Little Buddha	95	Als ob ich es nicht wußte
67	Lunatic		
68	Ein Moment	96	Der Himmel voller Sterne
69	Herbst		
70	Offene Tür	97	Durch das Moor
71	Prag	98	Ruhe
72	Trugbilder einer fremden Zeit	99	Schließe meine Augen
73	Befreiung	100	Der Schlüssel
74	Begegnung	101	Jenseits
75	Gedanken in der Stille	102	Feder, Efeu und Rose
76	La Lune	103	Der Moment im Leben
77	Eine Nacht vor Weihnacht		
		104	Kinder, die sich befreien
78	Der Weg		
79	Das Ende des Sommers zum Frühlingsbeginn	105	Was bleibt mir?
		106	Mir war als hörte ich mich weinen
80	Was macht mich so traurig		
		107	Epilog
81	Das Ganze	111	Bereits erschienen

Im Internet

www.edition-dewinter.de
www.valeriandewinter.de

Ebenfalls erschienen

Zuerst Valerian
Weltkinder

II
Autor

Valerian wurde, nach eigenen Angaben „zeitlos", in Wiesbaden geboren.

Nach einer Ausbildung zum Koch arbeitete er in verschiedenen Berufen. Zwei Jahre war er als Animateur im Club auf Fuerteventura eingesetzt. In dieser Zeit entstanden drei Bühnenshows, bei denen er als Autor und Regisseur tätig war. Im Club bekleidete er auch das Amt des Chefredakteurs für die täglich erscheinende Clubzeitung „Gazette". Sein Künstlername Valerian DeWinter wurde im „Club Aldiana" zu seinem Markenzeichen.

1991 – zurück in Deutschland veröffentlicht er sein Erstlingswerk „Zuerst Valerian" im Eigenverlag. Einige Monate später folgte sein zweites Buch „Weltkinder". In den darauffolgenden Jahren folgen viele Bühnenauftritte, Moderationen und TV Auftritte. Heute lebt er im Großstadtdschungel Berlin und geht verschiedenen kreativen Projekten nach.

Widmung

Jag tillägnar denna bog min bästa vän Ferdinand.
Jag är tacksam för art jag fick gå en bit av vägen
tillsammans med honom. Han lever vidare i mina
minnen.

Han tillhörde inte oss – ham tillhörde inte mig.

—

Ich widme dieses Buch meinem besten Freund
Ferdinand. Ich bin dankbar, daß ich ein Stück des
Weges mit ihm gemeinsam gehen durfte.
In meinen Erinnerungen wird er weiterleben.

Er gehörte nicht uns – er gehörte nicht mir.

Danksagung

Mein besonderer Dank geht an meine kreativen „Bodyguards" Philipp, Ben und Ilka – ohne Euch wäre dies alles nicht möglich!

Für alle Freunde, Feinde, Träumer, Spinner und Menschen, die mich auf meinem Weg begleitet haben. Sollte ich jemanden vergessen haben – vergib mir!

Dies ist für Euch – mit jedem Teil meines Herzens.

14
Zum Geleit

In seinem Buch „Weltkinder" von 1991 zitiert Valerian im Prolog aus einem alten Buch, das er einmal gelesen hat, folgenden Satz: „Will man das wahre Wesen eines Menschen erkennen, so muß man ihn bitten, eine traurige Geschichte zu schreiben."

Über viele Jahre habe ich Valerian in seiner Entwicklung begleitet und seine bis heute eigene Geschichte teils miterlebt, sei es aus der Ferne oder auch ganz nah. In Wiesbaden lernten wir uns damals kennen, und ich nahm ihn wahr als vor Lebenslust, ja ausgelassener Lebensgier strotzenden jungen Mann. Der Suchende, der nie zur Ruhe kommt. Der bunte Schmetterling, der sich an der Vielfalt und der Menge der sich ihm bietenden Blüten ergötzte, ja süchtig danach war. Der stets lachende und auch auslachende Beau. Selten leise, meistens deutlich wahrnehmbar. Der Enthusiast fast allem und fast allen, auch sich selbst gegenüber. Wen wundert es, wenn seine Widmung an mich in seinen „Weltkindern" heißt: „Wir alle sind immer der schönste Moment in unserem Leben. In diesem Sinne auf die nächsten Highlights." Immer auf der Bühne! Beim Abschminken soll ihn keiner sehen. –

In den wenigen stillen Momenten, die ich mit ihm haben durfte, waren sie dann da, diese Traurigkeit, die traurigen Geschichten, die er erzählte. Und ich sah das wahre Wesen des Menschen Valerian. Der Liebende mit seinen Zweifeln – man denke nur, auch an sich selbst –, mit seinen Ängsten und Sehnsüchten, seinen Enttäuschungen. Am Ende standen dann doch immer

wieder seine Hoffnungen, damit es weitergehen konnte.
Unsere Hoffnung – die Luft zum Atmen. Wer seine
Schriften und Gedichte liest, hört ihn atmen.
Über all die Jahre, und das geht schließlich jedem so, der
sich dazu entschließt, erwachsen zu werden, sammelte
der Schmetterling seine Erfahrungen.
In seinem kreativen Schaffen ebenso wie im Umgang mit
Menschen. Seine Flügelschläge wurden langsamer und er
verweilt heute immer länger bei einer Blüte.
Man sieht ihn jetzt öfters ernst. Ernsthaftigkeit und
Wahrhaftigkeit waren ja schon immer, aber nicht so sehr
nach außen sichtbar.
Er ist nicht mehr jung – eine schöne Erfindung vom
lieben Gott. Jugend ist kein Qualitätsmerkmal an sich.
Weder in Bezug auf den Geist, noch auf den Körper. In
beidem ist er ein schöner Mann geblieben.
Schöner denn je!

Valerians überschäumende, ja manchmal schrille
Fröhlichkeit ist mit der Zeit der Ironie und der
Heiterkeit gewichen. Aber auch seine Traurigkeit ist mit
ihm älter geworden. Sie ist klarer und von ihm selbst
mehr akzeptiert als in jüngeren Jahren. Für ihn gilt
der Satz des schweizerischen evangelischen Theologen
und Literaturwissenschaftlers Alexandre Vinet: „Die
Traurigkeit ist das Los der tiefen Seelen und der starken
Intelligenzen."

Und so soll hier noch einmal das „Weltkind" Valerian
selbst zu Wort kommen, mit Antworten auf seine Frage
„Was bleibt mir?"
„… und wenn mir nichts bleiben würde, so hätte ich
noch den Traum, der mich erhält … und wenn mir nichts
mehr bleiben würde, so hätte ich noch die Zeit, um auf
Dich zu warten."

Friedrich Hofmann

Prolog zur ersten Auflage

In einem alten Buch, welches ich einmal gelesen habe, stand: „Will man das wahre Wesen eines Menschen erkennen, so muß man ihn bitten, eine traurige Geschichte zu schreiben."

Hier sind nun meine Geschichten. Welches Wesen man in ihnen erkennen kann, nun, das soll jeder für sich selbst herausfinden.

Es ist eine große Erfahrung gewesen, über viele Jahre hinweg. Diese Geschichten haben mich so lange begleitet, und nun hoffe ich, daß sie auch andere Menschen vielleicht eine kurze oder lange Zeit begleiten werden. An manchen Tagen gaben sie mir Trost, an anderen Tagen waren sie wie ein Gebet für mich. An einigen Tagen konnte ich mit ihnen sogar meine Sorgen aus meinem Herz verbannen.

– Jetzt gehören sie Euch!

Wiesbaden, im April 1991

Prolog zur Neuauflage

Die „neuen" Weltkinder

Die Manuskripte meines zweiten Buches „Weltkinder" nach so vielen Jahren wieder in die Hände zu nehmen, neu zu editieren und die fast vergessenen „Weltkinder" für diese Neuausgabe hinzuzufügen, führten mich weit zurück in die Zeit als diese Geschichten entstanden und führten mich auch in Bereiche meiner Gedankenwelt, der ich in den vergangenen Jahren nicht immer die Bedeutung zugemessen habe, wie ich es hätte tun sollen.

So haben viele der bisher nicht veröffentlichten „Weltkinder" Einzug in dieses Buch gehalten; da wo sie hingehören – und bilden jetzt ein Ganzes. Einige sind zwar wesentlich später entstanden, dennoch gehören Sie für mich zu dieser Sammlung.

Berlin, im November 2016

Anmerkung
Die Texte entstammen den Tagebüchern des Autoren. Alle Texte dieser erweiterten Neuauflage entstanden in der Zeit von 1980 bis 2013.

20
Bahnsteige

Wieviele Bahnsteige mag es geben,
an denen Menschen stehen
und winken?

Wieviele Bahnsteige – mit fahrenden Zügen?

Wieviele Bahnsteige mag es geben,
an denen Menschen stehen
mit gebrochenen Herzen?

Wieviele Bahnsteige – mit nassen Schienen?

Wieviele Bahnsteige mag es geben,
an denen Menschen stehen
mit zerschlagenen Träumen?

Wieviele Bahnsteige – mit fahrenden Zügen?

21

Pfeil und Bogen

Hier kommt die Sonne.
Hier kommt der Mond.
Hier kommen die Sterne.
Hier kommt das Leben.
Hier komme ich!

Mit Pfeil und Bogen will ich erleben,
wie sehr es Dich quält,
mein Lachen zu ertragen,
in meine Augen zu sehen
und meine Nähe zu spüren.
Mit Pfeil und Bogen werde ich
neben Dir sitzen
und langsam beginnen,
die Sehne zu spannen.
Mit der glühenden Spitze bohrt sich
der Pfeil immer weiter hinein
in Dein Herz.

Hier kommt der Morgen.
Hier kommt das Licht.
Hier kommt der Teufel, der mir hilft,
mein Ziel sicher zu treffen.
Hier kommt die Sonne.
Hier kommt der Mond.
Hier kommt der Morgen.
Hier kommt das Licht.
Hier kommt das Leben.
Hier komme ich,
mit Pfeil und Bogen!

Und bald kommst auch Du!

22
Das Buch der Macht

Ein trauriges Buch
in sanften Händen,
ein Efeu sich
daran herunter rankt.

Der Wind meine Gedanken
leis' verlacht.

Ein Buch von großer,
weiter, unendlicher Macht.

23
Blauer Pullover

Du standest vor mir
in Deinem blauen Pullover.
Und Du lächeltest
Dein zauberhaftestes Lächeln.
Und ich stand da,
sah Dich an und lächelte.
Leider weiß ich nicht mehr,
wann das war…

So standen wir da,
Du in Deinem blauen Pullover
mit Deinen grauen Augen
und Du schautest mich eindringlich an.
Und ich stand da
und schaute in Deine Augen
und wir beide standen im Regen.
Leider weiß ich nicht mehr,
wo das war…

So standen wir da, im Regen.
Du in Deinem blauen Pullover
und Deinen grauen Augen
und den nassen blonden Haaren,
und Du streichst mir
durch meine nassen Haare.
Und ich stehe da
und streiche über Deine Haare.
Leider weiß ich nicht mehr,
wann und wo das war…

24
Es war einmal

So wie die zarten Blätter des Efeu wuchs ich heran. Geschützt durch die weiche Erde. Jetzt sitze ich hier und Bilder meines Lebens ziehen an mir vorbei. Wie viele Gebete habe ich zum Himmel geschickt und wie selten wurden sie erhört.

Liebe in meinem Herzen und Krieg in meinem Kopf – wie viele Worte habe ich versäumt zu sagen.

Wie viele unnötige Stunden habe ich verbracht, wie viele Fehler habe ich gemacht. Wie gerne hätte ich ein anderes Leben geführt, doch die Zeit ließ keinen Raum. Jetzt strahlen meine Augen, denn ich weiß, das Efeu schützt meine Gedanken. Thront auf meinem Kopf wie weiches, blondes Haar.

Vergeben sind die Stunden voller Angst, vergeben alle Fehler.

Es war einmal – doch es ist nicht mehr...

25
Unter dem Efeu

Barrikaden, die unseren Weg blockieren.
Blitze, die unser heimatloses Leben umgeben.
Weit weg von den Lügen.

Schützend und klar,
nur unsere Träume sind wahr.
Vertraue auf Deinen Willen.
Spüre den Tau in der Stille.

Unter dem Efeu, geh' in den Garten,
sieh' unter das Efeu.
Ein Leben weit weg von den Lügen.
Weit weg von den Ängsten.
Sitze inmitten von Blitzen,
weit weg von Zuhause

unter dem Efeu.

26
Ägypten

Heiß brennt die Sonne,
rotglühend der Sand.

Sterne ziehen ihre Bahnen
im Dunkel der Nacht.

Geheimnis im Schilf.
Pharao ruht in der Stille.

Katzenkönigin herrscht über das Land,
soweit ich sehe, nichts als Sand.

Geheimnis in der Stille der Nacht,
Eingänge streng bewacht.

In der Ferne wimmert eine bekannte Musik,
Pharao in seiner Pyramide liegt.

Katzenkönigin herrscht
über das Geheimnis der Nacht,

Pharao, streng bewacht, wartet,
bis sein neues Leben erwacht.

Gleißend das Mondlicht,
weit malt sich der Schatten.

Rotglühend der Sand, oh fernes,
geheimnisvolles Land.

27
Ich bin gleich da

Ich bin gleich da, hast Du gesagt.
Ich sitze hier und warte.

Ich komme gleich, hast Du gesagt.
Ich sitze hier und warte schon seit Wochen.

Ich bin bei Dir in Kürze, hast Du gesagt.
Hier sitz' ich nun seit Monaten und warte.

Ich bin gleich da, bin Dir ganz nah, hast Du gesagt.
Ich habe es geglaubt für Jahre.

Ich bin gleich da, hast Du gesagt.
Ich sitze hier und warte.

Jetzt sitzt Du da am Telefon und fragst mich,
ob ich warte.

Ich sage Dir ja, das ist doch klar
und hoffe Du glaubst lange daran.

28
Es geht aufwärts

Es geht aufwärts,
sag' ich mir!

Es geht aufwärts,
sagst Du mir!

Es geht aufwärts,
sagt man mir!

Es geht aufwärts,
jetzt kann es nur noch
aufwärts geh'n!

29
Fuerte

Ich weiß, es gibt vielleicht kein nächstes Mal, und Wehmut steigt in mir auf. In wenigen Stunden wird dies alles Vergangenheit sein, für mich nur noch eine Erinnerung. Wird der Wind vielleicht nachts meinen Namen rufen, wird die Brandung des Meeres vielleicht eine Melodie singen, die ich einst gesungen habe? Werden die Berge bei Sonnenaufgang eine Farbe tragen, die ich einst getragen habe? Werden die Wolken Bilder wiederspiegeln, die ich gesehen habe, und werden die zarten Blüten der Blumen nach dem nächsten Regen einen Duft haben, den ich einst verwendet habe? Werden mir die Palmen traurig nachwinken oder werden sie mich verlachen? Wird es Menschen geben, die sich an mich erinnern? Wird der Mond wieder bizarre Schattenbilder an die weißen Häuserwände werfen? Wird es irgendetwas geben, das mir bleibt, nach dieser langen Zeit? Ich werde nie mehr zurückkehren, um dies zu erfahren.

30
Abschied

Der Klang einer Kithara
dringt durch die Nacht.
Ein Abschied naht.

Ungeduldig hasten Menschen
durch die Straßen.
Keiner ist sich jemals nah.

Ein neuer Morgen,
ein neuer Abschied von der Nacht.
Eine liebevolle Umarmung,
bevor Du diesen Raum verläßt.

Mit dem Taxi zu neuen Städten
und ein Abschied folgt dem nächsten.

Du kannst nicht unterscheiden,
welcher schlimmer war.

Hier und da brennt eine Kerze für Dich
und Erinnerungen machen Dir
jedes Zimmer wie ein Zuhaus'.

Der Duft von Jasmin und Sandelholzöl
betört die Sinne.

An der Rezeption checkst Du aus,
ein neuer Abschied auch in diesem Haus.

31
Irgendwo in der Tiefe

Träume wie ein Gedicht,
irgendwo in der Tiefe gibt es ein Licht.

Endloses Schweigen, zielloses Steigen,
goldene Perlen, die vom Meeresboden aufsteigen,
uns Wege zu versunkenen Städten zeigen.

Gib mir mehr von Deiner Liebe.
Gib mir mehr Verständnis.
Gib mir mehr, mehr Zuneigung.

Nixen mir ihr Verständnis schenken,
die tiefe Nacht läßt mich an andere Dinge denken.
Suche ohne zu finden, Hoffnung und Ängste
sich verbinden.

Endloses Schweigen, zielloses Steigen.
Ungeöffnete Briefe irgendwo in der Tiefe.

32
König

Ich sehe die Menschen arbeiten,
und die Arbeit arbeitet mit den Menschen.
Ich sehe die Menschen lachen,
und das Lachen lacht die Menschen aus.

Ich muß kämpfen, wenn ich mir vorstelle,
mein König zu werden – ich beginne!

Wenn ich mein König bin, muß ich mir vorstellen,
zu kämpfen – ich beginne!

So viele sagen: Gib mir, gib mir, gib mir.
So viele sagen: Das Paradies ist das Helle.
So viele sagen: Das Helle ist das Paradies.

Wenn ich mir vorstelle, mein König zu sein,
werde ich darüber nachdenken – ich beginne!

Wenn ich mein König bin, werde ich mir vorstellen,
darüber nachzudenken – ich beginne!

Dunkle Wolken ziehen am Horizont auf.
Ich fliehe in die Nacht.

Eine lange Reise durch die Wüste.

33
Sterne im Rahmen

Wenn mich Deine Stimme berührt,
wenn das Licht den Schatten verführt,
wenn die Liebe das Feuer neu schürt,

atmen.

Planeten drehen sich auf ihrer Bahn,
nur ein kleines Stück vom Glück.
Bunte Kostüme, weiter Lauf, hinauf!
In Bilderrahmen eingefroren,
neues Spiel. Zeit verloren!

Wir schwingen bunte Fahnen in der Nacht.
Ein Wiedersehen uns Freude macht.
Hinauf zu den Sternen, die Illusion hält uns fern,

atme!

34
Fehler

Egal, welchen Fehler ich gerade mache.
Ich versuche zu lachen!

Ich entwickle eine Liebe zu meinen Feinden,
so daß mir niemand etwas anhaben kann.

Ich weiß, daß jeder versucht, mich zu hindern,
doch ich mag den Fehler, Deine Hand zu halten.

35
Feuer

Du stehst ihm gegenüber,
es brennt mit kalten Flammen.

Nicht so nah!
Spürst Du nicht,
wie Du leer brennst?

Spürst Du nicht,
wie es Dich wärmen könnte?

Du weißt nicht, woran Du bist,
es täuscht Dich.

Es brennt mit kalten Flammen.

Du kannst nicht entfliehen,
und es brennt, mit kalten,
blauen Flammen.

36
Gedanken der Nacht

1. Kennst Du das Meer, wenn es an einem trüben Tag fast all seine Farbe verloren hat. Wenn aufgewühlter Sand das Wasser bräunlich färbt. Wenn hohe Wellen immer wieder in sich zusammenbrechen und weißer Schaum auf ihren Häuptern thront. Kennst Du die Natur, so, in ihrer heftigsten Form – dann weißt Du, wie es in meinem Kopf aussieht.

2. Wie silberner Tau, der leicht von sanften Blättern rollt, fließen Tränen über mein Gesicht. Hier beginnt mein Traum.

3. Und dann, und dann...

4. In anderen Sphären – klingen Lieder, die meine Sinne täuschen. Der schwarze Himmel, ein silbern durchwirktes, samtenes Tuch. Meine Träume – fixe Idee – aus Wolken fällt Schnee.

5. Erkenne nirgends einen Sinn... Schöne Worte, fast wie edler Wein – es kann nicht sein, ist es nur Schein? Deine Augen halten mich fest in ihrem Bann, bis ich nicht mehr schlafen kann.

6. Ich warte, ich warte...

37
Ein Traum

Steine, so zart und weich wie Samt.
Die Sonne scheint so golden,
obwohl es dunkel ist.
Es herrscht Ruhe, und dennoch
singen zarte Vogelstimmen ihr Lied.

Ein Traum.

Hohe Stufen, die nach unten führen.
Leise Schreie, und Trompeten spielen,
ohne ein Orchester weit und breit.

Nur ein Traum!

Steine, so weich wie Samt, bloß ein Traum.
Die Sonne tränkt alles in ein zartes Licht,
obwohl es dunkel ist.

Ein Traum.

Nur ein Traum – kannst Du träumen?

38

Aufwachen

Hinter mir liegt eine lange Strecke,
ein weiter Weg aus Hoffnungen.
In mir nichts als unerfüllte Träume
und vor mir ein Berg aus Papier.
Brauche Deine Hilfe!

Wache auf!

Ich dachte, es sei vorbei,
doch es hat gerade erst begonnen.

Aufwachen!

Bunte Träume
wie Scherben in der Mittagssonne.
Endgültiger Abschied,
ein neues Ziel?
Ein einziges Bild,
ein helles Licht,
ein letztes Gedicht.

Aufwachen!

Ein Kuß zum Schluß,
Tränen laufen in den Sand.
Tränen, vergraben wie viele vorher an diesem Ort,
die nächste Flut holt sie fort.
Fragen in den Sand geschrieben.
Die Antwort kennt nur...

Aufwachen!
...Ich?

39
Farbenspiele

Nimm Rot für Dein Herz
und Grau für Deine Stimmung.
Wiesen sind grün
und Blumen blühen gelb.
Blau für die Wände,
die Dich umgeben,
kühl und weich.
Farbenspiel.

Gold für die Sonne
und Silber für den Mond,
Rot für Dein Herz
und Grau für Deine Stimmung.
Blau für die Wände,
die Dich umgeben.
Kühl und weich,
gewähren nur den Blick nach oben.

Laß Dich wecken mit einem lila Kuß.

40
Löwenherz

Ich kannte Dich, als Du noch stark warst.

Oh, was für ein Kämpfer warst Du!
Deine Mähne, golden wie die Sonne,
Dein Mut, rot und heiß wie das Feuer,
doch Dein Herz ist kalt wie Stein.

Löwenherz,
kennst nur noch Deine Ziele.
Siehst nur noch Deine Siege,
doch die Liebe siehst Du nie!
Vor lauter Krieg und Kraft,
ganz ohne Leidenschaft,
ist es so kalt in Deiner Brust geworden.

Oh, was warst Du für ein Kämpfer!
Dein Mut, rot und heiß wie das Feuer.
Deine Mähne, golden wie die Sonne,
doch Dein Herz ist kalt wie Stein.

41
Lichter

Lichter funkeln
über der Stadt.

Mein Blick
aus diesem Fenster.

Geschäftiges Treiben
in den Straßen
und gelber Dunst
hüllt Häuser ein.

Ich stehe
hinter Scheiben
und versuche,
diesen hektischen Puls
zu ignorieren.

Hoch über der Stadt
steh' ich
hinter dicken Fenstern
und sehe nur
das Funkeln bunter Lichter.

Fenster,
die unsere Welten trennen.

42
Wissen

Wohin mit meinen Tränen?
Wir haben gelernt,
weiter zu gehen.
Was nützt es uns,
so lange am Boden zu liegen?
Weiter nach unten
kann es ohnehin nicht gehen.

43
Verloren im Nebel

... und dann kommt so ein Abend, an dem ich alte
Liebesbriefe lese. Verloren im Nebel ist die Erinnerung.
Nur schöne Worte, für mich jetzt noch ohne Sinn. Wir
sprachen von Liebe und Geborgenheit – doch zurück
blieb nur ein langes Seelenleid. Verloren im Nebel. Neue
Träume kamen und andere blieben stehen. Traumhafte
Stunden, die man nie vergessen wollte – ziehen vorbei.
Und morgen schon kann auch dieser Brief verloren sein.
Verloren im Nebel, Bilder der Erinnerung. Man schwor
sich Treue, doch ein neuer Tag brach an...

44
Warten

Wünsche, die ich in den Wind flüstere.
Gedanken, die ich in die Nacht schicke.
Gebete, die ich zum Himmel richte,
machen mir das Warten erträglicher.

Hoffnungen, die ich selbst
immer wieder in Frage stelle.
Träume, die ich nur noch träume.
Phantasie, die meine Ängste schwächt,
machen mir das Warten erträglicher.

Tränen, die ich weine.
Gefühle, die ich erlebe.
Liebe, die ich gebe,
geben mir den Mut,
meine Hand auszustrecken.

45
Wer erklärt mir

Wer erklärt mir die Dinge,
die zwischen Himmel und Erde geschehen?
Wer erklärt mir,
warum wir die Sterne nur abends sehen?
Wer erklärt mir,
warum wir nicht zu unseren Gefühlen stehen?

Dieser Tag ist so ein kurzer Moment,
es ist nur die Hoffnung, die mich erhält.

Wer erklärt mir,
warum wir immer neue Wege gehen?
Wer erklärt mir,
warum wir himmlische Mächte um Hilfe anflehen?
Wer erklärt mir,
warum sich unsere Gedanken im Kreise drehen?
Wer erklärt mir,
warum wir die wahre Liebe nicht verstehen?

Morgen schon
kann etwas Wunderbares geschehen.
Morgen schon
werden wir die Dinge mit anderen Augen sehen.
Morgen schon
werde ich Dir meine Liebe gestehen.
Morgen schon
wird die Welt sich ein Stück weiter drehen.

46
Wiesbaden – Basel – und zurück

Ich war bei Dir – ist das was bleibt,
in einer Nacht voll Einsamkeit.
Da wäre noch so viel zu sagen,
da wäre noch so viel zu tun.
Doch nur im Schlaf kann ich manchmal ruh'n.
Wenn nichts mehr bleibt, sag' ich so oft,
gibt's immer etwas, auf das man hofft.
So lange quälen mich späte Gedanken,
so lange verfolgen mich Bilder im Schlaf.
Wenn meine Erinnerung nicht wär',
wäre vieles manchmal nicht so schwer.
Doch so lebhaft sind die Bilder,
zu ehrlich ihr Geschmack.

So leb' ich mit all den Geistern meiner Vergangenheit,
und versteh' sie nicht zu fassen,
in des Tages Wirklichkeit.
Bin so oft an alten Orten, höre so oft die gleichen Worte,
die mir nie die Tür geöffnet haben.

Wie schön wär's doch, die Zeit blieb' steh'n
und ich könnt' in meiner Erinnerung spazieren geh'n.
Doch hätte ich da ein kleines Problem,
würden wir uns niemals wiedersehen.

Doch wird auch dieses Bild bald mal vergessen sein,
nur in meinen Träumen bleibt es hell und rein.
Bin ich eines Tages mal allein, fällt mir dies alles wieder ein
und zum Schluß bleibt nur:
„Ich war bei Dir und meine Gedanken von einst
hier auf dem Papier."

47
Tief in uns

Bevor es „hell" wird in unserem Leben,
haben wir ein großes Streben.
Lernen für die Ewigkeit,
doch keine dieser Erinnerungen bleibt.
Wir lernen auf ein Neues,
doch dann die falschen Dinge.

Tief in uns ein helles Licht,
doch wir verstehen dessen Bedeutung nicht.

Da ist so viel mehr an diesem Ort.
So viel, was uns lehren könnte, doch wir verschließen
unsere Augen immerfort.
Im Garten unserer Seele blühen viele Blumen,
doch wir verstehen nicht, sie zu pflücken.
Im See unserer Gefühle schimmern bunte Farben,
doch wir verstehen nicht, uns daran zu laben.
Wir laufen herum
ohne etwas zu sehen.

Tief in uns ein helles Licht,
doch wir verstehen dessen Bedeutung nicht.

Unser Leben spielt in einer anderen Schicht,
Illusion ohne Gewicht.

Tief in uns ein helles Licht
doch wir verstehen dessen Bedeutung nicht –
mehr!

48
Früher

Erinnerst Du Dich noch an früher?

Du warst groß und mächtig.
Alle hatten Angst vor Dir.
Jetzt sitzt Du hier, zahm wie ein Hund,
mit einer Kette um den Hals.
Dein Schicksal ist ungewiß
und Du hast Angst vor der Nacht.
Wirst bewacht und jeder hat den Verdacht,
daß Du fliehen möchtest.

Erinnerst Du Dich an früher?

Ich glaube, Du kannst stark sein –
beweise es Dir, kleiner Drache.

49
Splitter

Die meisten Dinge,
die wir in unserem Leben suchen,
finden wir immer in uns selbst.

– Aber –

Erst wenn wir lernen zu vergeben,
werden wir wahre Erfüllung erhalten.
Ich lerne.

– Doch –

Die Wandlung beginnt.
Wie oben, so unten,
langsam verstehe ich das System.
Impuls geben, Impuls empfangen.
Je heller das Licht,
desto dunkler der Schatten.
Die Wandlung beginnt.

– Dennoch –

Die Form der Steine am Strand, so klar.
Meine Träume, der Wahrheit so nah.

50
Tanz im Licht

Mit unbeschwerter Leichtigkeit verfliegt die Zeit.
Du tanzt im milden Sonnenlicht und zarte Blütenblätter
wirbeln durch die sanfte Frühlingsluft.
So viele Erinnerungen fliegen vorbei – zu schön und
kraftvoll. Keine Zeit, ihnen intensiv nachzugeben.

Tanz im Licht dieses hellen Scheinwerfers.
Tanz im Licht dieser strahlenden Sonne.

Später flackern Polarlichter über den blauschwarzen
Nachthimmel. Millionen von Lichtpunkten von
silbernen Sternen fallen vom Himmel. Fallen zur Erde
während Du tanzt.

Blitzlichtgewitter gleich und drehst Dich und drehst
Dich und drehst Dich – mit unbeschwerter Leichtigkeit.

51
Rettung

Wenn ich es nur könnte.
Ich würde sie alle retten,
all die armen,
alleingelassenen Spinner,
die ich mag.

Wenn ich es nur könnte.
Ich würde sie alle retten,
all die verrückten,
sich selbst bemitleidenden Träumer,
die ich so sehr mag.

Wenn ich nur ein bißchen mehr Kraft hätte,
ich würde sie alle retten.
Alle, die ich so sehr mag.

52
Silberne Kugeln

Ich gehe über trockenes Laub.
Die Luft ist warm, mein Haar ist naß.
Silberne Kugeln prasseln hinunter,
zerspringen auf meiner Stirn.
Die Sonne wirft ihr schwaches Licht
durch kahle Äste,
silberne Kugeln prasseln hinunter,
benetzen mein Haar.
Silberne Kugeln glänzen.
Silberne Kugeln rollen davon.
Silberne Kugeln prasseln hinunter,
in meine Hände.

53
Drei der Schwerter

Die Sonne versinkt in blaugrünem Meer,
ich wüßte gerne mehr.
Erinnerungen fliegen vorbei wie feiner, goldener Staub,
in meinen Träumen fällt Laub.

Es ist wie absolutes Wissen,
und doch nicht wissen, wer der andere ist.
Es ist als ob man sich schon Jahre kennt,
und doch ist alles neu und fremd.

Verstehen ohne Verstand.
Sprechen im Schweigen.
Gefangen und doch frei.

Gedanken, die nicht gedacht werden.
Worte, die nicht gesagt werden.
Hoffnung und Glaube – weiße Taube.
Freude und Trauer – zerbrochene Mauer.

Wach sein in tiefem Schlaf.
Fliehen im Bleiben.
Sprechen im Schweigen.

Die Sonne versinkt, und die dunklen Finger der Nacht
greifen über den roten Abendhimmel.
Heller Stern der Nacht, Feuer entfacht.
Wärme im Eis. Geben im Nehmen.
Die Ferne so nah, ist es ein Märchen oder wahr?

Verstehen ohne Verstand – weißer Sand.
Trennung ohne Schmerz. Kritik im Scherz.
Doppeltes Herz – die drei der Schwerter.

54
Schmerz

Dieses Stechen in Deiner Brust.
Dieses Brummen in Deinem Kopf.
Dieses Flimmern vor Deinen Augen.
Schmerz quält Dich.
Er zwingt Dich zu weinen.
Wenn Glas zu bluten beginnt,
wenn Worte verletzen,
wenn Blicke erschrecken.
Wenn Du nicht aufstehen möchtest,
wenn Du nicht schlafen kannst.
Schmerz folgt Dir durch die Nacht.
Er quält Dich, bis Du aufgibst,
doch Du schläfst ruhig und zufrieden ein.

55
Ohne Titel

Die Beleuchtung ist schlecht.
Die Luft ist stickig, voll von Rauch.
Das Wachs der Kerze vor mir
tropft auf den Holztisch,
der Kaffee schmeckt bitter.
Ich zahle.

Die kalte Luft auf der Straße tut mir gut.
Ich winke, ein Taxi hält.
Ich steige ein, es riecht nach Weinbrandbohnen.
Wohin? – Ich weiß nicht, wohin ich will.
Wir fahren los, ein kurzes Stück nur –
Halt! Ich zahle.

Gehe durch dunkle Gassen.
Bunte Lichter spiegeln sich
auf dem nassen, schmutzigen Asphalt.

56
Schwarzer Schnee

Es ist so friedlich und still – Kinderaugen leuchten und Kerzenlicht verleiht dem Zimmer einen warmen Schein. Schnee fällt lautlos zur Erde und jeder schließt Frieden mit sich selbst. Dein Herz ist aufgewühlt, Du irrst durch die eisige Kälte. Graue Hunde ziehen Deinen goldenen Schlitten – kein Licht zeigt Dir den Weg durch dunkle Tannen. Von fern hört man Glocken mit silbernem Klang und Schnee fällt lautlos zur Erde. Kein Licht zeigt Dir den Weg durch dunkle Tannen. Du bist allein. Der Schein der Kerze dort am Fenster strahlt so viel Liebe in die Dunkelheit der Nacht. Tränen in Deinen Augen und niemand hört im tiefen Tannenwald, wie Du Deine Wut ins Dunkle schreist. Schnee fällt lautlos zur Erde, es ist Dezember.

57
So etwas wie …

Leis' und friedvoll fällt weißer Schnee
aus dunklem Himmel nieder.

Schmutzige, sündige Straßen
wirken unschuldig und rein.

Kaum ein Laut ist zu hören, alles ist plötzlich
so unendlich leis' und nur in Moll.

In irgendeinem Fenster flackert eine Kerze,
spendet Licht und Vertrauen in dieser Nacht.

Von Ferne klingt Klaviermusik,
das Lied ist mir vertraut,
dort haben Kinder im Vorgarten
einen Schneemann gebaut.

Der Himmel ist schwarz,
nur ein einziger Stern strahlt über allem.

Eine Nacht,
so etwas wie Weihnacht.

58
Plötzlich

Ein Abend.
Plötzlich ein Abend voller Erwartungen.
Small Talk und Blicke.
Rauch, der meine Augen tränen läßt.
Schachspiel und Kaffee?
Warum nicht?
Vertraute Stimmung, neue Eindrücke.
Der nächste Sprung sollte gut überlegt sein.
Das Spiel ist zu Ende,
aber noch nicht Schach-Matt.

59
Harlekin

Harlekin, Harlekin,
es gibt immer einen,
der lacht.

Harlekin, Harlekin,
es gibt immer einen,
der weint.

Du bringst uns Spaß
und kein Mensch sieht,
daß unter Deiner Maske
eine Träne fließt.

Träumst von Venedig
mit bunten Masken.
Träumst von Musik
in den Straßen und
tanzenden Menschen,
die sich an den Händen fassen.

Harlekin,
mit Deinen Sorgen
bist Du allein.

60

Namen

Niemand hat ein Lied mir je geschrieben,
keine Strophe wurde je für mich verfaßt.

Es gibt kein Buch, das mir gewidmet wurde,
auch kein Gedicht – nicht mal ein kleines –
nenn' ich bis heut' mein eigenes.

Keiner wollt' für ewiglich mich portraitieren
oder malen für Bestand.
Nicht mal ein Bild mit Widmung hängt
an meiner Zimmerwand.

Nicht eine Straße wurde je nach mir benannt.
Ich bin wohl heimlich nur bekannt.

Keine Kapelle, auf die man andächtig schaut,
wird je für mich gebaut.

Von mir gibt's keine Münzen oder Sammelbilder,
nicht irgendwelche Stiftungsschilder.

Nur einen schweren Stein.
Ihn ziert mein Name nun in goldnen Lettern.

In letzter Stunde hat man ihn schwer
mir auf die Stirn gestellt und von so vielen Bäumen fallen
Blätter, die verweh'n im Wind.

Dann wird es still...
ich muss jetzt gehen, bis wir uns alle
einmal wiedersehen.

61
Worte, die aus Liebe man spricht

Worte, die aus Liebe man spricht –
sind oft Verzicht – seltener Gedicht!
Sie klingen süß in edlem, zartem Schein –
und oftmals fallen wir herein.
Sie klingen zärtlich im Kerzenschein –
und oftmals sind wir doch allein.

Worte, die so liebevoll erschallen –
ich bin wieder darauf hereingefallen.
Dies ist das Ende der Geschicht' –
wie die Worte, die aus Liebe man spricht!

Worte, die aus Liebe man spricht
sind oft Verzicht – seltener Gedicht!
Sie klingen zärtlich, in edlem Schein –
und oftmals bin ich doch allein.

62

Zerbrochen

Mein Herz scheint bittere Tränen zu weinen.
Gefühl verweht in weite Ferne,
Träume zerschlagen wie Glas.

Meine Gedanken drehen sich im Kreis
– weine in meine Kissen ganz leis'.
Ich fühle mich so verlassen
– und kann Dich nicht mal dafür hassen.

Zerbrochen wie Glas ist mein Gefühl,
die Luft ist kühl, mein Kopf so leer,
mein Herz scheint bittere Tränen zu weinen.

Mein Herz zerbrochen wie Glas,
Flamme verloschen im Wind,
Gefühl verweht in weite Ferne,
Hoffnung versunken im tiefen Meer.

Wie soll ich sie vergessen,
diese schönen Stunden, war so glücklich
– hatte ich doch Dich gerade erst gefunden.
Wie kann ich einfach nur vergessen
– wir hatten es versprochen –
und nun ist jeder Traum in mir zerbrochen.

Mein Herz weint bittere Tränen
– sollten wir uns nie mehr sehen?
Gibt es gar kein Wiedersehen
– bleibt jede Nacht dann kalt und leer...

Mein Herz weint bittere Tränen
– hier auf dem Papier.

63
Jeden Tag so viel Welt

Jeden Tag ein neuer Stern am Firmament.
Jeden Tag ein neuer Sonnenstrahl,
der durch die Wolken fällt.
Fragen, die auf Antwort warten.

Jeden Tag eine neue Welt,
die es zu entdecken gilt.
So viele ungelesene Bücher.
Sind wir auf der Suche – nach was?
Antworten, die auf eine Frage warten.

Jeden Tag eine neue Welt,
die es zu bewahren gilt.
So viele verschobene Pläne,
so viele ungeträumte Träume.

Jeden Tag so viel Welt für uns.

64
Melodie

Träume, zerschlagen wie Glas.
Gefühle, verschmolzen wie Eis.
Ich singe eine Melodie ganz leis'.

Mein Blick fliegt hinaus auf's Meer.
Nicht hier – nicht bei mir.
Bunte Fahnen wehen im Sommerwind.
Bin ein dummes, kleines Kind.
Weit weg von hier, weit weg von mir.
Weiter, dem Horizont entgegen.
Illusion, zerstört wie Sandburgen am Strand.
Hoffnungen, entführt in ein anderes Land.
Tau auf roten Rosen.
Staub auf meinen Büchern.
Sonnenstrahlen brechen sich
in einem Spiegel aus Tränen.
Weit weg von hier, weit weg von mir.
An jedem Ort, dasselbe Wort.
Nicht hier, nicht bei mir.
Ich singe eine Melodie ganz leis'.

Eine Melodie für den See aus Eis.
Eine Melodie nicht hier, nicht bei mir?

65
Liebe

Die Liebe schien mir manchmal fremd,
weil man sein Gegenüber gar nicht kennt.

Doch nach dem ersten Kuß, nach ein paar Stunden,
beginnt das Herz den Kopf zu überrunden.

Man will sich kosen, will sich streicheln,
fast jedes Wort wird einem schmeicheln.

Und schien auch alles sonnenklar,
so wird es mit der Zeit ganz sonderbar.
Die Liebe ist verflogen,
man hat sich gar so oft belogen.

Jeder sich in seinen eigenen Traum verrennt,
hat man das Glück zu zweit komplett verpennt.

Erst war es schön, wenn man sich sah,
nun gibt man sich ganz unnahbar.

Von dem Gefühl ist beinah nichts geblieben
– bis auf das, was ich oben schon geschrieben.

66
Little Buddha

So viel Stille, die mich einhüllt wie schwere Seide. Der Morgenhimmel – ein mattes Orange wie eine reife Papaya und grüne Reisfelder spiegeln sich in trübem Wasser.

Ein goldener Buddha sitzt im Schatten eines Tempels. Seit Jahrzehnten schaut er gelangweilt in die gleiche Richtung. Als ob er nach mir Ausschau halten würde. Oder übt er sich in Geduld, die mir oft fehlt?

Vorbei an Bambus, der sich sanft im Winde wiegt. Ein Spiel aus Licht und Schatten. Sonnenstrahlen brechen sich in Millionen kleiner Spiegel und sanft klingen silberne Glöckchen.

Dein geheimes, verhaltenes Lächeln. Da funkelt so viel Gold auf Deiner Stirn und Rauch von tausenden Räucherstäbchen zieht durch die Gänge.

So viel Frieden in diesem Raum.
Berühr' Dich sanft, doch Du bemerkst es kaum.

67
Lunatic

Mondschein in schwarzer Nacht – himmlische Macht.
Neubeginn – Gedanken ohne Sinn. Stimmen, die rufen.
Farben, die locken. Briefe. Tränen aus Gold. Verändertes
Gesicht, beeinflußtes Gericht.

Es lebe der König! Teuflischer Engel und göttliches Tier.
Hier! Ein Clown, der nicht lacht, keine dummen Dinge
macht. Eine Katze streng die Nacht bewacht. Rosen
blühen – wilde Augen glühen. Stunde um Stunde, hier
beginnt die neue Runde.

Lüge, so süß wie der Honig, die Wahrheit so schlecht –
nur der Mond behält sein Recht. Fahrender Zug, die Zeit
vergeht wie im Flug. Morgen.

Kerze erlischt – vergessene Pflicht. Alles ist dunkel,
dann ein helles Licht! Die Karten sagen:
Verzicht – Verzicht!

Hoffnungslose Liebe, kleiner Fingerzeig.
So beginnt das Spiel ohne Ziel.

Hoher Preis, für Stimmung aus Eis. Traum!

68

Ein Moment

Gedanken machen ihre Runde,
mit der Trostlosigkeit im Bunde.

Fernes Reich,
wie dieses hier so gleich.

Mein ganzes Leben,
ein unaufhörliches Streben.
Am Wegrand dunkle Bäume,
gehe durch leere Räume.
Einen Moment nur bleiben,
und dann ewiges Schweigen.

Fernes Reich,
wie dieses hier so gleich.

Meine Angst macht mich reich.

69
Herbst

Ich laufe durch diese Straßen,
gepflastert mit farbigen Blättern.

Feuchter Nebel läßt mich frieren.
Sind das dieselben Blätter,
die ich noch im Frühjahr bewunderte?

Braun und fahl liegen sie
auf der nassen Straße
wie ein verlaufendes Aquarell.

Unheimliche Stille,
die Stadt scheint noch zu schlafen,
an diesem Morgen.

Ich laufe durch die blaßgrauen Straßen,
nur herbstliches Laub.
Wie ein gewobener Teppich,
der all die warmen Herbsttöne reflektiert.

70
Offene Tür

Irgendwo öffnet sich eine Tür.
Irgendwo schließt sich eine Tür.
Irgendwo stirbt irgendwann ein Mensch.
Irgendwo schreit ein neugeborenes Kind.

Ich warte.

Warte auf die letzten Tage des Sommers.
Warte auf eine Tür, die sich öffnet,
mir einen neuen Weg bietet.
Warte auf eine Tür, die sich schließt,
um meine Ängste dahinter zu verstecken.

Irgendwo öffnet sich eine Tür.
Irgendwo schließt sich eine Tür.
Irgendwo stirbt irgendwann ein Mensch.
Irgendwo schreit ein neugeborenes Kind.

Und ich weiß, der Winter beginnt.

Prag

Zwei Augen verlieren sich in der Nacht.
Leise fließt die Moldau – spiegelt Lichter wider.
Mein Blick schweift zum Hradschin.
Süßer Duft – geliebter Ravel.
Golden glänzt Dein Haar im Mondlicht.
Tausende von Sternen spiegeln
ihre alten Seelen im Wasser.
Der Schein der Kerze wärmt uns kaum –
um uns dunkler Raum.
Ein kurzer Traum – von langem Glück,
bald schon bleibt jeder allein zurück.
Bleiern fließt die Zeit durch leere Gassen –
zurück bleibt der Geschmack von Deinen Lippen und
ein sanfter Duft von Deiner Haut.
Der Morgen greift mit seinen roten Händen
langsam durch das Schwarz der Nacht.
Deine Augen schauen so traurig –
ich muß jetzt gehen – ein letzter Kuß,
während wir im Regen stehen.
Vielleicht wäre ich besser geblieben –
nun muß ich Dich von Ferne lieben.

72
Trugbilder einer fremden Zeit

Ich sitze lange Nächte in feuriger Glut und keine Wolke scheint meine Sinne zu kühlen. Der Wind bläst in mein Gesicht – läßt mich zurück in kalten Moscheen.

Trugbilder einer fremden Zeit.

Kamele ziehen vorüber, ertragen die schwere Last der Hitze. Oh, diese Augen, dieses vom Wind zerzauste Haar und diese wundervolle, glatte Haut. Vom Wind verbannt – in Sonne und Sand. Flimmernde Trugbilder in herrlicher Poesie. Die Hitze verbrennt meine Gedanken. Ich liege am Boden auf glühendem Sand. Meine Hände bohren sich tiefer hinein, um die kühleren Erdschichten zu erreichen. Mein Haar klebt an meiner Stirn, mein Mund ist trocken. Dunkle Gestalten mit weißen Kleidern tanzen singend um mich herum. Ein Flimmern liegt über dem Sand.

Trugbilder einer fremden Zeit.

73
Befreiung

Ich stehe vor kalkweißen Wänden und die Sonne brennt gnadenlos auf weißen Sand. So als wolle sie alles Lebende zugrunde richten. Ich stehe inmitten von hohen Türmen. Eine Festung, aus der ich nicht fliehen kann. Nirgends ein Ausweg aus dem feinen Netz, das mich umgibt. Aus dem „Nichts" erscheint ein helles Licht, hilft mir für ein paar Stunden hinaus aus meiner stumpfsinnigen Situation. Dann verschwindet es, läßt mich zurück mit dem Versprechen, daß ein nächster Tag beginnen wird.

Der Mond entschädigt mich für alles, was die Sonne in Trümmer warf. Der neue Tag beginnt. Ich laufe unruhig in meinem Gefängnis auf und ab, mit dem ständigen Warten auf das helle Licht. Ein Gefühl von Selbstzerstörung stellt sich ein. Ich kann mich nicht losreißen. Der Lauf von Sonne und Mond wird zu einer immer schnelleren Folge, bis der Mond abermals in den Wolken versinkt und die Sonne mit ihrer Kraft die Wahrheit an den Tag bringt.

74
Begegnung

Er lächelte so freundlich,
als ich einstieg und schräg gegenüber saß.

Er trank Bier, ich meinen Wein,
und manchmal trafen sich unsere Blicke
in den verspiegelten Fenstern.

Kein Wort, manchmal verstohlene Blicke,
wie gerne wüßte ich mehr von Dir
– nicht nur der Blick in Dein Gesicht.

Doch Du sitzt auf Platz drei
und ich nicht mal auf vier.

Der Zug verliert an Fahrt
– an Trinkgeld hast Du nicht gespart.

Im Vorbeigehen grüßt Du mich,
als wären wir uns längst bekannt,
mir fällt der Stift fast aus der Hand.

Einen lieben Gruß hauch ich Dir zu
– Du steigst hier aus: Bahnhof Karlsruh'.

75
Gedanken in der Stille

Gedanken in der Stille.
Eine stürmische Nacht
über unsere Ängste lacht.

Schweigen in der Stille.
Mut und Wille.
Schrille Stimmen in der Nacht
haben mich um meinen Schlaf gebracht.

Dunkle Wolken in weiter Ferne,
am Horizont leuchten die Sterne.

Ein Mensch voll Liebe wacht,
hat in der stillen Nacht
einen Traum für mich gemacht.

76
La lune

Schatten der Nacht –
aus Träumen gemacht.
Liebe aus Wahrheit erwacht.
Durch meine Finger fließt goldener Sand,
bin auf der Reise durch meinen Verstand.

Oh, please take care!

Tanz der Gefühle
zwischen Wirklichkeit und Traum.
Le soir, lorsqu'on se promène dans les dunes,
juste avec la lune.

Durch meine Finger fließt Zeit,
keine Stunde tut mir leid.
Tanz mit dem Mond –
hinauf zu den Sternen,
bin im Begriff, unendlich viel zu lernen.

This is the night –
two people share –
please take care!

Vertraue auf die Kraft,
spüre die Nacht,
setze jeden Schritt mit Bedacht.

Laß uns fliehen,
wie der Mond unsere Bahnen ziehen.

Bin auf der Reise durch ein Gefühl...
Traum, zerbrechlich wie Glas...

77
Eine Nacht vor Weihnacht

Mit flackerndem Schein
brennt eine Kerze
alleine vor meinem Fenster.
Die Nacht ist schwarz und kalt.

Ein Hauch von Weihnacht
weht durch die verlassenen Straßen
und leise fallen erste Flocken
aus dem dunklen Himmel.

Der zittrige Schein der Kerzenflamme
sucht seinen Weg hinaus zu Dir,
damit Du sicher nach Hause findest
in dieser dunklen Nacht,
wo ich mit unerfüllten Träumen
auf Dich warte.

78
Der Weg

Erinnerung verbrennt im Schein der Kerze.
Hoffnung entfacht die neue Glut.

Stille, fester Wille, doch der richtige Weg
scheint für immer verloren zu sein.

In einem Herz brennt Leidenschaft,
in fremden Augen lodert glühend' Haß.
Wir sind alle so allein,
doch jeder möchte reicher sein.

Träume erschlagen – Realität!

Wir müssen den Blick hinter diese Tür wagen!
Ein kurzer Blick nur, ein leiser Schwur,
– Erstaunen – wir sehen im Spiegel uns selber nur!

Stille, fester Wille, doch der richtige Weg
scheint für immer verloren.

79
Das Ende des Sommers zum Frühlingsbeginn

Zarte Ranken strecken sich vorsichtig den ersten
Sonnenstrahlen entgegen, zart und zerbrechlich.
Ich stehe in der Sonne und beginne zu frieren, so als ob
die ersten Herbststürme Einzug halten, schon jetzt zum
Frühlingsbeginn.

Ein trauriger Blick in zerbrochene Spiegel – es ist das
Ende eines schönen Sommers, der zu kurz war, ihn zu
genießen. Er war zu stürmisch – peitschte die Wellen
von Emotionen vor sich her. Zeigt der Kalender nicht
gerade, daß alles erst beginnt – da ist der Sommer schon
vorüber?

Irgendwie scheint die Zeit aus den Fugen geraten zu
sein. Gerade noch verklebten romantische Gedanken
mein Gehirn, da fallen mir knallharte Details und
Fakten ein, ein neuer Weg.

80
Was macht mich so traurig

Was macht mich so traurig
beim Anblick alter Bilder?
Was macht mich so schwermütig
beim Lesen alter Briefe?
Ich sollte mich über jeden Neuanfang freuen,
über den Sonnenschein am Morgen.

Trübe Gedanken, während alte Filme
an mir vorüberziehen.
Als hätte es gar nichts mehr mit mir zu tun,
blätt're ich durch alte Manuskripte,
was war das für eine Zeit,
die ich mit jeder Leichtigkeit ertrug.

Warum machen mich die Bilder
von gestern noch so traurig?
Gehören Sie doch ganz mir
und wirken und leben durch mich.

Die Tage sind vergangen,
mit jeder Nacht, die kam.
Ein kurzer Blick in den Spiegel
– das Bild hat sich verändert.

81
Das Ganze

Ich weiß, daß sich etwas ändern muß – und dennoch sitze ich starr und warte auf ein Wunder. Kein Maler kann diese Farben zeichnen, kein Dichter diese Worte schreiben, kein Mensch diese Gedanken denken. Ich gehöre der Welt! Zarte Ranken beschützen die Welt, verhindern, daß sie auseinander fällt.

Wir sind ein kleiner Teil des Ganzen, auch wenn wir immer denken, das Ganze wäre ein Teil von uns.

Kein Gerät kann diese Geschwindigkeit messen, kein Instrument diesen Ton spielen. Niemand kann diese Gedanken denken. Die ewige Pflanze, das Licht in der Nacht. Menschen, die denken und Menschen, die lenken. Herzen, die schlagen. Stimmen, die klagen. Kinder, die fragen. Gedanken uns die Antwort sagen.

Ich bin ein kleiner Teil des Ganzen – doch das Ganze ist tief in mir.

82
Venedig im Winter

Ich versuche zu erkennen, wann die Nacht endet
und der Tag beginnt. Ich laufe durch steinerne Lauben,
nirgends sehe ich Tauben. Alle Träume sind erfroren,
weiße Pracht und grauer Himmel. Keine Gondel fährt
im Sonnenschein. Ich bin einsam und allein. Bilder, die
mich täuschten, Sonnenstrahlen, die nicht wärmen. Herz
aus Stein, der Himmel trägt Trauer.

Venedig im Winter ist nichts ohne Dich!

83
Niemals für immer

Der Lack des Fensterrahmens blättert von sprödem Holz. Der verblaßte, zerschlissene Stoff einer alten Gardine gibt dem Blick nach draußen ein trauriges Flair. Die Tapete an den Wänden rollt sich von der Decke her ab.

Niemals für immer und alles sofort.

Wische Schatten aus meinem Gesicht. Dort auf dem Tisch ein schmutziges Glas und eine leere Flasche. Ein rostiger Teller und der Rest einer längst gerauchten Zigarette.

Niemals für immer – und nie wieder mehr.

Staub auf den Möbeln und verblaßte Bilder an den Wänden. Eine vergilbte Zeitung liegt im Lehnstuhl – nur schwer kann man das Datum noch entziffern. Es zeigt wie viel Zeit vergangen ist, seit dem letzten Mal.

Niemals für immer – und doch so viel mehr.

Ein letzter Blick zurück:
Niemals für immer, doch für mich so viel mehr.

84
Warten, daß Du wieder kommst

Ich warte auf das Klopfen an der Tür,
auf Schritte auf dem Gang,
warte, daß Du zurück kommst
durch diese Tür.

Viel zu lange bist Du fort.
Ich beobachte den Wandel von Sonne und Mond,
den Wechsel der Gezeiten,
die Jahreszeiten.

Die Zeiger der Uhr ziehen unaufhaltsam ihre Kreise.
Warte, daß die Blumen wieder blühen
und der erste Märzsonnenschein die Kälte vertreibt.

Ich warte auf das Klopfen an der Tür,
auf Deine Schritte auf dem Gang.
Warte, daß Du zurück kommst
durch diese Tür.

Wer hat den Vorhang der Erinnerung zurückgezogen?

85
Momente

Momente sind so schnell vergessen.
Momente, die mir viel bedeuteten.
Momente zerbrechen wie Glas.
Kalt wie Eis. Heiß wie Feuer.
Sie machen froh. Sie machen betrübt.
Hüllen Dich ein. Tragen Dich fort.
Geben Dir Halt an einem anderen Ort.
Momente – sind so schnell vergessen.

86
Weltkinder

Wir alle sind die Kinder dieser Welt,
auch wenn wir uns meistens nicht so benehmen.

Wir sind erwachsen geworden,
und man hat uns gelehrt,
mit Verstand durchs Leben zu gehen.

Wir müssen leben, um zu lernen,
daß wir immer noch die Kinder sind,
die diese Welt regieren.

Wir sind Weltkinder
– überall zu Hause –
und deshalb müssen wir lernen,
daß unser Zuhause überall ist.

Weltkinder müssen träumen,
um ihre Träume zu erhalten.

Lernen, daß wir Weltkinder
unsere Welt erhalten müssen.

87
Worte

Dieser Raum ist voll von Worten.
Jedes einzelne flüstert mir leise ins Ohr.
Ich versuche in diesem Halbdunkel
die fetten Überschriften
der vergilbten Zeitungen zu lesen.
Knisterndes Papier –
vergilbte Momente meiner Vergangenheit.
Und Worte säuseln mir zu,
verschleiern meine Erinnerungen.
Überschriften, die mein Herz täuschen wollen.
Nur schwer lassen sich die Farben vorstellen,
vergangen in so vielen Jahren.

Fahl und blaß und leer die Worte,
die einst so wichtig waren.

88
Zenit einer Illusion

Du möchtest gerne fliehen – in diese Welt, in der Träume und Fehler erlaubt sind. Keinen Schritt zurück gehen! Lerne es zu verstehen, und Du kommst dem Zenit Deiner Illusion ein Stück näher. Angst und Phantasie gehen Hand in Hand – halten die Balance in Deinen Träumen. Verstehe, sie zu beschützen wie einen guten Freund. Wirklichkeit und Traum, ein großer Raum. Ein Zelt, ist es das, was Dich in seinem Bann hält? Mit offenen Augen auch im Alltag diese vielen kleinen Sterne sehen... Immer einen Schritt näher zum Zenit Deiner Illusion.

89
Zufällige Blicke

Hundert zufällige Blicke – und nicht die Hoffnung, daß einer davon wirklich Zufall war. Gern hätte ich mit Dir gesprochen – und die Zeit weht vorbei – und was nie anfängt, kann nie enden.

Später, viel später liege ich in Deinen starken Armen. Regen perlt über die Fenster, leise klingt Musik. Du erzählst Geschichten aus dem Norden – doch was nie anfängt ...

Hier stehe ich, mit dem Koffer in der Hand – Du winkst mir zu. Hundert zufällige Blicke, die sich kreuzen und dann doch die Hoffnung, daß einer von ihnen wirklich Zufall war.

90
Unerreichbar

Helfende Hand aus den Wolken.
Unerreichbar scheint mein Traum.
Regentropfen fallen zur Erde,
laufe im Kreis auf der Suche nach der Lösung.

So viele Dinge vor mir, so viele Chancen –
wie ein von gutem Laub gesäumter Waldweg.

Wie einfach, nur diesen Weg zu gehen,
doch ich stehe da und schaue
wie ich schon wieder einen anderen Weg gehe.

Wieder eine andere Richtung.

Unerreichbar weit scheint mein Ziel zu sein.

91
Du darfst keine Angst haben

Du darfst keine Angst haben –
hörst Du!
Wie soll ich es Dir sagen?
Was soll ich tun,
damit Du verstehst?
Du mußt geben – geben – geben.
Glaub' mir!
Und Du mußt geben – geben – geben.
Was Du auch hast.

Du wirst sehen,
Dein Leben wird sich ändern.
Zumindest, wenn Du lebst,
kann ich Dich hören.

Du darfst keine Angst haben,
wenn eine Hand Deinen Hals streichelt.
Es ist nicht gesagt,
daß man Dich umbringen will.
Vielleicht will man Dich nur liebkosen.

Du darfst keine Angst haben –
vor der Sonne.
Du darfst keine Angst haben –
vor dem Mond.

Ich muß Dich gehen lassen,
damit Du lernst zu leiden.
Ich muß Dich gehen lassen,
um zu lernen, wie sehr ich Dich liebe.

Das Rad

Du bist töricht, mein Freund.
Geheimnisvolle Zeichen auf goldenen Altären.
Papierdrachen ziehen ihre Kreise am Himmel.
Diamanten fallen zur Erde – Du bist allein.

Hunde bellen, goldene Drachen lachen.
Weiße Tauben fliegen hinauf zum Nachthimmel.
Mönche in dunklen Gewändern singen.
Das Zeichen des Friedens, mit Blumen geschmückt.

Geheimnisvolle Zeichen auf goldenen Altären.
Papierdrachen ziehen ihre Kreise am Himmel.
Diamanten fallen zur Erde.
Du bist töricht, mein Freund!
Tauben fliegen in den Nachthimmel.

93
Ruhige Nacht

Hier sitz' ich nun beim zweiten Wein –
und Käse hat man mir gebracht,
eine seltsam ruhige Nacht!

Ich beobachte die Menschen
um mich herum, und meine Gedanken
lassen mich heimlich lächeln.

Der Rosenverkäufer reißt mich
aus meinen Träumen.

94
Ahornbaum

Es ist der Ahornbaum, um den ich herumtanze.
Leicht – aber dennoch – so schweren Herzens.
Es ist der Ahornbaum, an dem ich sitze,
wenn es mir schlecht geht. Weil nur er mein Leid kennt.
Meine Tränen benetzen das grüne Moos am Boden.
Er kennt meine Ängste und Hoffnungen,
und ich bedaure insgeheim, daß Du sie nicht kennst.
Aber wie solltest Du?

Mein Ahornbaum, an dem ich an einem
zarten Frühlingsmorgen hängen werde –
weil meine Vernunft gesiegt hat.

95
Als ob ich es nicht wußte

Als ob ich es nicht wußte,
daß alles einmal endet.
Ich hatte mich verloren,
in einer fixen Idee.
Ich hatte mich verirrt,
in einem unüberlegten Gedanken.

Als ob ich es nicht wußte,
daß alles mal zerreißt.
Ich hatte mich vergessen,
in irgendeiner Zeit.
Ich hatte mich verlaufen,
in mir unbekannten Straßen.

Als ob ich es nicht wußte,
daß alles mal zerbricht.
Ich hatte mich verblendet,
beim Blick ins Licht.
Ich hatte mich vertrieben,
aus meinen bunten Träumen.

Als ob ich es nicht wußte,
daß alles einmal von vorne beginnt.
Ich habe auf meine Gefühle vertraut.
Ich habe immer an mich geglaubt.

96
Der Himmel voller Sterne

Der Himmel über mir ist voller Sterne,
und ich versuche Deinen zu finden.

War es nur ganz zwanglos, belanglos?
Oder war da mehr?

War da Verstehen ohne Berührung?
War da Verständnis ohne Verstand?
War da Gefühl ohne Liebe?
War da Liebe ohne Gefühl?
War da Leben in diesem Tod?

Der Himmel voller Sterne
unter dem ich alleine stehe.
Ein langer Weg durch das Leben,
ein langer Weg durch diese Nacht.

Silberner Glanz am dunklen Firmament
und nur der Wunsch, der mich am Leben hält.

Der Himmel voller Sterne.
Du bist einer davon – und irgendwann
komme auch ich.

97
Durch das Moor

Durch das Moor. Tau benetzt die Erde
und der Nebel steigt empor.
Ihr Gesicht ist bleich, ihr weißes Kleid
zerrissen und verschmutzt.
Die Nacht ist klar und die Dunkelheit
scheint ein fernes Reich zu sein.
Komme zurück. Komme nach Hause.
Durch das Moor. Will zu Dir.
Bin so kalt, klopfe an Dein Fenster.
Komme nach Hause, komme zu Dir,
komme nach Hause, komme nach Hause.

Ich weine, bitte laß mich hinein.

Bitte, ich flehe Dich an.
Komme nach Hause.

98
Ruhe

Trotz des abgrundtiefen Hasses, spüre ich eine ebenso
große, abgrundtiefe Liebe. Aber kann ich sicher sein,
daß sich unsere Seelen jemals finden?
Mit jeder Verletzung, die ich mir zuzog, begann ich
intensiver und tiefer zu lieben. Je mehr ich mich
entfernte, umso größer wurde der Wahn der Einsamkeit
um mich herum. Je mehr ich mich näherte, desto größer
wurde die Angst. Eine Seele, die auch meine Seele ist.
Ruhe.

Vor lauter Kummer fehlt mir die Energie, nach vorn
zu gehen und dem bösen Satan, der in mir ruht, freien
Lauf zu lassen. Eher vergifte ich meine Gedanken
mit Wunschträumen. Lieber in einer Wüste leben als
gefangen zu sein. Ein Lächeln spielt über meine Wangen
und ich weiß, sobald sich unsere Seelen verbunden
haben, werde ich Ruhe finden.

99
Schließe meine Augen

Staubige Straßen, auf denen ich Blut fließen sehe, mein Weg ist mit Leichen gepflastert. Verängstigte Frauen mit schreienden Kindern ziehen an mir vorbei, um mich herum nur Chaos und Krieg.
Wie viele Länder habe ich so schon durchschritten – ich kenne das Gefühl von Flucht.

Heimat ist da wo man verstanden wird, hast Du gesagt und drücktest meine Hand. Jetzt liegst du leblos in meinen Armen und ich schließe Deine Augen. Wie gut kann ich das Leid verstehen.

Wenn ich meine Augen schließe, sehe ich den Sonnenschein am Morgen, bunte Blüten, die sich drehen im Wind. Die Düfte, die Liebe, den blauen Himmel, das Zwitschern der Vögel am Morgen. Lachen und gedeckte Tische und viele Flaschen roten Weins.

Ich denke an Heimat und Frieden, an Abendessen mit Freunden und fröhliches Lachen. Jetzt begleitet mich keine schöne Melodie – jetzt höre ich das Einschlagen von Bomben und Artilleriefeuer und Menschen, die so viel Furcht in ihrem Herzen tragen.

Der Gedanke an Liebe und Frieden läßt mich sanft erschauern, bevor ich einschlafe.

Das Öffnen meiner Augen schmerzt, sie sind verklebt von trock'nen Tränen. Ich wünsche allen Menschen Frieden!

Der Schlüssel

Der erste Schlüssel

Ich gehe einen Aufgang hinauf, Wände und Stufen sind aus weißem Mamor. Ich bin schwarz gekleidet. Stufe für Stufe steige ich hinauf. Eine schwarze Tür. Ich gehe nah hin – die Tür ist verschlossen.

Der zweite Schlüssel

Ich gehe auf einem schwarzen Weg. Der Weg hängt wie an Seilen in der Luft. Aus dem Nachthimmel fällt Schnee. Der Weg ist zu Ende. Ich stehe am Rand und sehe in die Tiefe: Ein Schlüssel aus Schnee.

Der dritte Schlüssel

Ich gehe durch weite Wiesen, immer einen schmalen Weg entlang. Von weitem sehe ich eine große, offene, weiße Holztür. Sie steht mitten auf einer Wiese. Vorsichtig nähere ich mich. Eine Hecke versperrt den Durchgang, die Hecke ist grün mit kleinen Rosenknospen, sie versperrt den Zugang zur Tür – in der Form eines Schlüssels.

Der vierte Schlüssel

Ich spaziere an einem Bach. Das Wasser ist klar. Man sieht den Sand und die Steine. Mein Schlüssel fällt mir aus der Hand, hinein ins Wasser. Ich will danach greifen, das Wasser wird trüb. Golden reflektiert sich die Sonne, der Schlüssel ist fort.

101
Jenseits

Der Duft von Jasmin tränkt die Luft und zarte Sonnenstrahlen müssen sich den Weg durch dicke Wolken bahnen. Ein letzter Blick – kein zurück!
Gehe Stufe für Stufe. Kerzen brennen in dunklen Kellergewölben. Schwerer Holunderduft tränkt meine Gedanken. Jenseits von hier – jenseits von Dir.
Tief in mir glüht die Sehnsucht nach einer besseren Welt.

Eines Tages, wenn der Nebel sich hebt aus dem Wald, werde ich wieder bei Dir sein. Ein anderer Ort, jenseits von mir, jenseits von hier. Hoch über den Bergen. Dort werde ich warten, will mich bemühen, und zu dieser Zeit werden im Tal die Erdbeeren blühen. Sonnenlicht, das sich in meinen Tränen bricht – zeigt mir die Dinge in einem anderen Licht.
Frieden!

Feder, Efeu und Rose

Eine weiße Feder,
tausend Worte,
die unausgesprochen bleiben.

Eine Ranke Efeu,
Pläne verlaufen
wie Farben im Wasser.

Eine rote Rose
fällt in die Nacht.

Träume verfliegen
wie Nebel im Wind.
Einen neuen Weg gehen,
den niemand kennt.

Feder, Efeu und Rose
fallen in die Nacht.

103
Der Moment im Leben

Gibt es im Leben eines Menschen
wirklich nur diesen einen Moment?

Nur eine Chance, sein Gegenüber
wirklich zu erkennen?

Kannst Du nur in diesem Moment zugreifen
oder wiederholt sich die Situation?

Der Moment im Leben, der alles in Flammen setzt
oder alles für immer erlischt.

Schön zu erkennen, daß ich diesen Moment
jeden Tag auf ein Neues erleben darf.

Kinder, die sich befreien

Keine Bürden, sondern Klarheit.
Keine Lügen, sondern Wahrheit.
Da sind keine Kinder mehr, die alles glauben,
die man drehen kann wie dumme Schrauben.
Gedanken so rein – Menschen, die schreien.

Kinder, die sich befreien.

Alles scheint schon fast am Ende –
doch wir reichen uns die Hände.
Sind wir auch noch tief verletzt –
wir spüren, daß langsam Hoffnung in uns wächst.
Keine Lügen, sondern Wahrheit.
Keine Bürden, sondern Klarheit.

Da sind Kinder, die sich befreien.

Was bleibt mir?

...und wenn mir nichts bleiben würde,
so hätte ich noch den Mond am Abend.

...und wenn mir nichts bleiben würde,
so hätte ich noch die Sterne in der Nacht.

...und wenn mir nichts bleiben würde,
so hätte ich noch die Sonne am Morgen.

...und wenn mir nichts bleiben würde,
so hätte ich noch den Traum, der mich erhält.

...und wenn mir nichts bleiben würde,
so hätte ich noch den Regen, der zur Erde fällt.

...und wenn mir nichts bleiben würde,
so hätte ich noch die Zeit, um auf Dich zu warten.

106
Mir war als hörte ich mich weinen
(für Klaus R.)

Sonnenstrahlen fallen durch das Laub
auf den schmalen Weg, den wir hier entlang gehen.
Mir war so als hörte ich mich weinen.
Mir war als streicheltest Du über meine Wangen.
Mir war als ob ein Vogel ein lustiges Lied anstimmte.
Da stehen wir nun – in dieser tosenden Stille.
Wehte da nicht eben eine Feder über den Weg?
Wehte da nicht gerade Ewigkeit
über diesen schmalen Weg, den wir gingen?
Mir war als streicheltest Du durch mein Haar.
Mir war als hörte ich mich weinen.
Hattest Du mir nicht eben noch zu gewinkt –
dort vom anderen Ufer des Sees?
Seine Oberfläche wie ein Spiegel, der nichts spiegelt,
und die Sonne taucht uns in goldenes Licht
in diesem kurzen Moment voller Zeit.
Mir war als hättest Du gerade meinen Namen gerufen.
Mir war als wehte dort eine Feder hinaus auf den See.
Mir war als hörte ich mich weinen.
Mir war als ob die Vögel ein heiteres Lied zwitscherten.

Epilog

Könntest Du einmal nur
durch meine Augen sehen…
Könntest Du einmal nur
mit mir gemeinsam zur anderen Seite
von mir gehen…
Könntest Du einmal nur
meine kleinen Gesten verstehen…
Könntest Du einmal nur
meine Träume verstehen…

Spürst Du wie mein Herz schlägt…

Zuerst Valerian /

Valerian DeWinter

Valerian DeWinter
Zuerst Valerian

140 Seiten, 10,00 Euro
BOD Verlag, ISBN 978-3-7347-5843-0

auch als E-Book erhältlich

III
Bereits erschienen

Als Chefredakteur der „Gazette" schrieb er eine Kolumne, die den Informationssalat aufgegriffen hat, der nicht nur Urlauber, sondern jedermann täglich berieselt. Von Königshäusern, Ozonlöchern, Tennisaffären und „In-Treffs" schreibt er mit einer kräftigen Portion Ironie, manchmal schreibt er sich auch schlicht etwas von der Seele, in jedem Fall liest sich „Zuerst Valerian" locker-leicht und flüssig. Wer das Buch mit in den Urlaub nehmen will, hat es sicherlich schon während der Wartezeit am Flughafen verschlungen, doch lohnt sich ein zweiter Durchgang immer.

Der Wiesbadener, August 1991

Ach, „man hat die Leute irgendwie gerne", klagt Redakteur Valerian in der täglich ausliegenden Club-Gazette zum Thema wöchentliches Abschied nehmen...

Frankfurter Rundschau/Magazin, April 1989